Mi Familia Mexicana

Versos Sinceros

By

Rudy Calderón

authorHOUSE™

1663 LIBERTY DRIVE, SUITE 200
BLOOMINGTON, INDIANA 47403
(800) 839-8640
WWW.AUTHORHOUSE.COM

First published by AuthorHouse 04/20/05

ISBN: 1-4208-1259-9 (sc)

Library of Congress Control Number: 2004099135

Printed in the United States of America
Bloomington, Indiana

This book is printed on acid-free paper.

Agradecimientos

Primeramente, quiero darle gracias a Dios por haber
me dado estos 29 años para poder vivir, observar, y
refleccionar sobre los últimos años del siglo veinte
y hoy al iniciar el siglo veintiuno poder tener el
tiempo para derramar tinta para mi genta mexicana
y para los de cualquier idoma u origen quienes
agradecen la hermosa cultura mexicana. De todos
mis agredecimientos, a mi madresita quiero que
sepa que la amo mucho. Ella me ha dado el modelo
y ejemplo de cómo se debe de vivir como un hombre
simpático y sincero. También, quiero agradecer a
mi padrastro, Abel Vásquez, por sus consejos y su
presencia en la vida de un adolesente; me ayudó
a darme una perspectiva a la vida cotidiana y las
responsabilidades de un verdadero hombre.
Segundamente, a mis hermanos, Felipe, María,
José, Leticia, Jorge, Rosalinda, y Ricardo les quiero
agradecer. He aprendido mucho de cada uno de
ellos. Cada uno de mis hermanos, yo incluído,
tenemos nuestras personalidades distintas pero
siempre hemos llegado a entender que la familia
inmediata es lo más importante en la vida.
Terceramente, a mi familia mexicana nacional,
hoy les brindo mis canciones poéticas. Mi misión
es de poder cantarle y relatar con mi gente Latina
antes que se acabe la bela. Mis versos los mando
para que puedan morar en lo más profundo del
corazón y alma mexicana, porque reflejando en
esos bellos y simpáticos compatriotas fue para mí la
gran inspiración que dio fruto a esta obra. Para mi
familia compatriota de Michoacán, Jalisco, Sonora,
Sinaloa, Veracruz, Chihuahua, San Luis Potosi,
Nayarit, Guerrero, Tamaulipas, El Distrito Federal,

Oaxaca y a los de más estados que moran en la
republica mexicana, y también a los quienes radican
en los Estados Unidos, con mucho respeto les brindo
estos versos. Para mis críticos que digan que no soy
compatriota por haber nacido en los Estados Unidos,
solamente les comento que aunque yo no nací en México,
México nació en mí.
Estos versos vienen con vigor, mucha contemplación,
pero más que nada vienen de una alma que quiso
mandar un mensaje sincero y el cual hizo su
propósito de darnos una perspectiva y sensibilidad
crítica de emociones que se nos presentan en esta
vida. Mi último deseo fue poder dejar este mundo
un poco mejor de lo cual lo encontré cuando inicié
en el año 1974; si eso logro me delaito y regocijo
por siempre.

Información sobre el autor

Rudy Calderón nació en el metrópolis de Los Angeles, California en 1974. Él es el sexto de ocho hijos/as. Su familia procede del hermoso estado de Michoacán. Su mamá se creó en un pueblito llamado El Limonsito cerca del Aguaje y Apatzingán en el estado de Michoacán. Fueron campesinos en California donde piscaron fresa, calabaza, lechuga, broccle, y tomatillo. Han hecho la hermosa ciudad de Santa Maria, California su lugar de residencia hasta hoy en día. Rudy fue graduado de la preparatoria de Santa Maria en 1992. Luego, asistió al colegio de Allan Hancock College donde recibió los títulos de Asociado de Artes en ciencias sociales y artes liberals en 1999. Después, asistió a la universidad de CSU Bakersfield. Ahí, estudió por dos años en los cuales fue graduado con una licenciatura *(Cum Laude)* en historia con reconocimientos del departamento de ciencia politica en el 2001. Por sus obras en historia, fue nombrado como miembro por vida en la "sociedad de honores en historia" llamado *Phi Alpha Theta*. Incluso, ha sido reconocido con las siguientes becas: Hispanic Excellence Scholarhip (2001) y William C. Adam Scholarship (1999). Después, regresó a Santa Maria, CA y se matriculó a la universidad de Chapman University College donde realizó su credencial para ser maestro de historia, economía, y gobierno en las escuelas secundarias y preparatorias. Continuó sus estudios, donde se le otorgó el título de maestría en pedagogía del departamento de educación en el 2002, también de Chapman University College. Aparte de este libro, Rudy ha publicado los siguientes libros en inglés: I Wonder if You Will

<u>Ponder: A Collection of poems</u> y <u>Existential Fighting Through My Writings</u>. Rudy desea hablar de una forma que es firme, sincera, y compasiva con la meta de encender una sensibilidad crítica hacia un tópico particular para que nos guie hacia un sendero existencial más alegre. Para ordenar libros, favor de dirigirse a uno de los siguientes domicilios:
www.authorhouse.com o
www.bn.com.

Table of Contents

Mi Familia Mexicana

A mi familia mexicana
yo quiero levantar.
Por eso, para oír estos versos, te voy
a rogar y hasta suplicar
que pongas atención.
Y para los que no entra facilmente los versos
de la poesía,
te voy a rugir como un león para que
prestes oído hoy
en este día.

Primeramente, como mexicanos
o mexicanos-americanos
de cualquiera generación
no nos discriminemos con tan poca compasión
porque eso deberas no tiene sentido
ni una gota de razón.
Se que muchos mexicanos en los EE.UU. por
varias generaciones ya establesidos
mandan palabras abusivas
y dañinas a sus hermanos recién llegados.
¿Hermanos mios que no ven que proceden
y su origen es del mismo lado?
Pero si los maldicen todavía por ser malditos
¿Qué dirán, en sus tumbas, sus difuntos abuelitos
quienes vinieron como mojados e ilegales sin
documentos?
Ahora veo que tu racismo hacia tu hermanos,
gracias a Dios, corre más lento.
Y si no es así, para no sufrir, por favor mi hermano/a
organiza mejor tus
pensamientos.

1

Segundamente, mexicanos queridos
no digan que en la educación no se les mete la
razón.
Y la excusa que se oye por doquier es que
"¡No entiendo es que soy del rancho!"
Anda, para los estudios deben de ser más machos.
No por cualquier cosa tú te rindas.
¿Si no que dice de tu persona?
¿Que a las derrotas y fracasos tú facilmente brindas?
No mi hermano o hermana
estudia para al rato poder contar
bonitos cuentos de perseverancia
a tus esquinkles.

Terceramente, deben tener una mente positiva.
Realmente, ese es el ingrediente para elimimar los
obstáculos de los versos que se encuentran aquí
arriba.
De esa manera cuando miren el partido de fútbol
puedan gritar con vigor, "¡Arriba o para abajo Las
Chivas!"

Los versos, a mi mente, ya no vienen.
Espero que el mensaje nos inspire y nos llene.
Si a ese objetivo logro y procuro llegar,
les pido que procedemos a progresar
porque será más fácil y con gran alegría
a la distancia y al futuro
positívamente
mirar.

septiembre 2003

Rudy Calderón

De Ayer a Ahora

De Ayer a ahora, entraste a mi alma.
De repente cupido entro sin tomar calma.
¿Entiendes estos versos que yo ahora a tu alma
extiendo?
Te tengo que admitir que tremenda es esta tristeza
que
hoy, por ti, yo siento.
Ni aun, cuando me he tratado de comfortar en los
libros
para recibir una consolación,
ha entrado en este corazón
la razón.

De Ayer a ahora, tú has llegado ser mi preocupación.
Cuando antes de ti sólo pensaba en la aviación
y de los políticos que dejan, por sus leyes, tanta
contaminación.
De esto todos saben y te podrán decir que de esto
yo no miento.
Pero aún eso ya no tiene campo
en mi pensamiento.

De Ayer a ahora, la companía
que yo busco es algo diferente.
Sabes, si tú tuvieras una tienda
compraría toda tu mercancía
para ser tu único cliente.
Como la noche al día llega de repente,
quiero ser para ti tu preferido
no solo un cualquier suplente.

¿Entiendes lo que te digo?
Si no, pon sobre tu cara unos
lentes.

De Ayer a ahora, tu cara y tu modo me inspiran.
Tú has logrado a que salga de mi ser un gran
suspiro.
Llegar a tu alma a esa meta yo aspiro.
Si logra esta flecha llegar, me alegro.
Si no, bueno, mi alma está dispuesta
a aceptar su castigo.

17 de septiembre del 2003

Rudy Calderón

Mi Corazón hoy tiene paz

Siento tremenda paz en mi corazón
porque ya llegó a su destinación.
Por fin encontró lo que más anhelaba
en este mundo. Ya no soy
ese triste vagabundo,
sin rumbo.

Tremenda calma hoy yo siento.
Por todo mi alrededor
suspiro de una forma que
siento bastante valor,
valor hacia la vida.
¡Cómo es gran amiga!

Al sentir bajar tu mejilla hacia mi pecho,
con gran velocidad y sabiduría
salen esos amorosos versos.
Felices se sienten mis brazos.
De pura alegría,
brotan las ardientes lágrimas
por todo mi regazo.

Mi alma ahora sí está sazón,
pidiendole a Dios
que no me sorprenda
con un doloroso
fracaso.

16 de julio del 2004

¿Tinta qué me cuentas?

¿Tinta negra qué me cuentas?
Te miras con ansiedad
de decirme una realidad.
¡Anda, regocija en tu
empezar!

Pluma bella que
su sangre negra derrota,
dime esto o esa cosa.
¿Al oír tu mensaje, la
miraré como latosa?
No, porque hacerlo
quebraría en la poesía la
más grande regla.

Leer y pensar en
una verdad, esa es la gran meta
porque los versos son sabios que saben de todo
desde la "A" hasta
la zeta.

5 de mayo del 2004

Mi Morena

Tu piel morena es lo que hoy estoy codiciando.
Tus ojos entiendo que me están llamando.
La idea de un noviazgo, deberas que me está
gustando.
Poco a poco mi corazón me avisa que
eso, ahora, está deseando.
Y a veces veo que me preguntan, "¿Cuando
me vas a enseñar amor?"
Te voy a ser demaciado franco
hacerlo me da tremendo temor
porque a veces trae tanto rencor.
¿Y después cómo le haré para
otra vez agarrar firme de mi valor?
Veo tus ojos profundos y
me pregunto, "¿Serán hacia mí verdaderos?"
¿O me dejarán vagando por este
mundo como un extranjero?
Yo quiero que sepas que
te quiero dentre de mis brazos detener.
Esa es la respuesta que encuentro por todo mi ser.
¿Entiendes y puedes ver
que sin mi morena no
me puedo sostener?

2 de octubre del 2003

Al igual...

Al igual que el poeta Jose Martí
quiero morir con mis pensamientos disponibles,
disponibles a toda la humanidad.
Quiso que progresaramos como una rosa
al empezar la primavera.
Esa debe ser la meta que en nuestras
mentes más se queda.

Al igual que el poeta Pablo Neruda
quien, en sus versos tristes, nos habría el corazón
para meter en nosotros una más sensible compasión,
él tenía pasión.
No fue que tenía mucha razón
pero dejo que hablará la
muy subyugada alma
que, en él, se estaba
cayendo como una
frágil rama

Al igual que el poeta Octavio Paz
sus gran versos y ensayos
traen a mi alma un alegroso faz.
Él aconsejaba que rompieramos el
desdichado y malvado espejo.
De estas verdades habló compasivamente fuerte
hasta que en el '98 lo visitó la muerte.

Al igual que los anteriores
quiero mandar bonitos
versos a todos mis amores.
En mis observaciones
de la vida cotidiana,
he aprendido que no se
trata de ganar más lana
pero es más necesario hablar
de una forma respotosa y clara
porque así uno sobresale y gana.

Hoy yo canto mi canción.
Edificaré, con mis versos,
hasta crear mi mansión.
Lo haré con tal que la pluma
se encuentre en disposición,
sabiendo que ella
sabe de nuestras almas
y de los gran misterios
que con el tiempo me dejan ver el
pedagógico espejo.

18 de junio del 2004

Llamado

Justicia tiene el nombre de amor.
El amor hace que la justicia se
lleve acabo aun cuando hay temor.
Muchas veces me acuerdo de las
golpisas que sufren los inocentes
y pienso, "¿Qué no estamos en el Occidente de
donde
se exponen las ideas del Oeste, que iniciaron desde
Grecia?"
y digo dentro de mí, "Como desprecian
a los seres humanos, no porque sean perfectos
sino porque luchan para ser más rectos en una
sociedad que expone tanta igualdad."
"¿Es verdad?"
Pero aún peleo para el ideal de ser un pilar
que pueda inspirar a los jóvenes
que luchan para que por sus acciones
enseñen a todos que quieren
libertad, y justicia en
todas situaciones.

Joaquín Moreno
Un hombre quién ha llego ser sin igual
es M. tío Joaquín Moreno
lo extraño porque ya no lo tengo
El me enseño los valores
de un hombre verdadero
Y uno que sobre sale es
que debe uno de ser sincero

M. tío Joaquín Moreno me
recuerdo que era hombre de palabra
de su los hechos de su asesinato
a como me acaba

Su vida termino un día de

desde que ya se nos fue de este mundo
mucho su caracter se ha quedado
en mi alma bien profundo
me ayuda como navegar por este mundo
El Limonsito, era su pueblito
que protejía de injusticias
cuando oía un grito
sus hechos no se les age justicia
con lo que yo e escrito

4/21/04

Joaquín Moreno

Un hombre quien ha llegado ser sin igual
viene por nombre de Joaquín Moreno.
Lo extraño porque ya no lo tengo.
Él me enseñó los valores de un hombre verdadero.
Y el consejo que sobresale
es que debe uno de ser
claro y sincero.

Joaquín Moreno
me recuerdo que era hombre de palabra.
De los hechos, de su asesinato,
¡ah, como acaba!

Su vida termino un día 2 de noviembre.
Ese vino en el día de los muertos
que no lo olvidaré por cierto.
Su persona muchas veces me rodea
porque fue y es para la humanidad una
reluciente estrella.

Desde que ya se nos fue de este mundo,
mucho su caracter se ha quedado
en mi alma bien profundo.
El Limonsito, Michoacán era su pueblito
que protegía de injusticias,
cuando oía un explotado grito.
De sus hechos valentosos, me desculpo
porque no les hago justicia
con lo que yo hoy con
mi bolígrafo he
escrito.

24 de abril 2004

15

El Limoncito, Michoacán

un lugar lo tengo muy adentro,
se los dije ahora en un cuento
es un lugar donde me encuentro
con un hombre
que por su inmenso caracter
todavía hoy en día yo lo siento

un tío de honor
quien en cada día me da valor
estoy dichoso de haber sentido
el amoroso calor
que mando para todos sus
sobrinos
que tubimos como experiencia
desde niños

me recuerdo de las vacas
¡ y de la enormosa caca!
y si tubimos el dichoso placer
de en esa tierra mirar a
las estrellas entre la lluvia
cuando relampagiava y se
oía llover

Un pueblito amistoso agresivo, cariñoso
y festején
mi jefita me relata de sus
hermanas que lamentablemente
por su valor se fueron muy
temprano al panteon
que por ninguna cosa
cambio mi amorosa

El Limonsito, Michoacán

Un lugar lo tengo muy adentro.
Se los digo ahora en un cuento.
Es un lugar donde hoy me encuentro
con una hambre por su
inmenso caracter.
Todavía hoy en día sus ranchos, tierras, y
bellas muchachas en mi alma yo
las siento. Pueblito lindo en mis sueños
no paran de buscarte.

Un tío de honor
quien en cada día me da el más necesitado valor.
Estoy dichoso de haber sentido
su amoroso calor
que mandó para todos sus
sobrinos quienes tuvimos como
experiencia desde
niños.

Me recuerdo de las vacas
¡y de sus enormosas cac- -s!
Y, si, tuvimos el dichoso placer
de desde esa tierra mirar a las estrellas
cuando relampagueava y se oía llover
cómo traeía a mi faz tanto
placer.

Un pueblito amistoso, agresivo,
cariñoso, y festejón,
mi jefita me relata de sus admirables hermanos
que lamentablemente, por su valor, se fueron
muy temprano al panteón.

Ciertamente, que por ninguna cosa cambiaré
mi historiamente, familiarmente, hermosa
y clara canción.

Alvaro Obregón

Unos dirían que usted era el más matón.
Pero su gran rival tan bien que se escondía
que hasta le llamaban un ratón.
Me refiero al inmortal e infamoso de Pancho Villa.
Para Obregón tanta lata le daba
que a él lo molestaba igual como una estilla.
Pero aún, el gran Obregón
enseñó su poder alla en Celaya.
Ahí se jugó su vida contra Villa
y estaba dispuesto a morir en la raya.
Aun con solamente un brazo
siguió hacia la meta sin hacerse para atrás.
Seguía para adelante paso a paso.
Y bueno llego a suceder al difunto de Carranza
quien unos años atrás lo mando a
pelear contra los rebeldes y dorados donde se llevó
acabo mucha matanza.
Su final, bueno, vino porque concesiones se las negó
a la iglesia.
Cuando en esa fiesta le dieron ese balazo,
ahí fue donde terminó su vida
pero sus hechos y memoria
¡cómo Sonora cuida!

12 de septiembre del 2003

Ayer luché...

Ayer luché con el mar.
Le hice una pregunta sobre el amor
y malas noticias me mando
con una reluciente sirena.
Ese mensaje me agotó
solo dejando en mi rostro
una lamentosa pena.

Ayer luché con las nubes.
Les platiqué de las bellas mujeres
y me contestaron que primero tenía que
entender las irrazonables leyes.
Me dijo, "Existen leyes que no tienen lógica."
Me senté junto de un árbol y medité en
que forma podría poner esta sabiduría
en práctica.

Ayer luché con el viento.
Mientras caminaba
me contó un triste cuento.
Le supliqué que no tenía tiempo
pero aún desarrolló su historia
de una forma desdichadamente lenta.
Luché con ese monstro
aunque perdí al final
al ver mi solitario
rostro.

Ayer luché con el tiempo.
Le dije que su velocidad
era muy veloz y que era
necesario que conduciera más lento.
Se rió de mí y me contestó

que era necesario abrir los
ojos más y salir a platicar
con el catártico campo,
para sentir más satisfacer y no
pelear inútilmente con los
poderes naturales ya
tanto.

16 de julio del 2004

Rudy Calderón

¿Cairán mis versos en tu alma?

¿Cairán mis versos en tu alma?
Si lo logro, entonces feliz me voy a la tumba
sintiendo en mi ser una tremenda calma.
Y si quieres agradarme
por favor planta por ahí una preciosa palma.
¿Tal vez una palma de coco?
¿Y quién sabe quizás por el amor a las palmas
muchos me juzguen loco?
Pero mi destino yo no lo escojo.
Solo quiero llegar a ser para ti un buen amigo de
primera
con quien puedas relatar
y mientras mis versos leas
quizás un poco tiempo matar.
Los versos que hecho de mi ser
no es que quiero que la gente los mire con querer.
Solo pido que presten la vista hacia la compasión, la
verdad, y el amor.
Nunca pierdan su vista y que eso siempre puedan
cultivar y ver
para que su alma y humanidad jamás
vayan a perder.

12 de septiembre del 2003

Confuso Soy

Confuso soy al tratar de los amores decifrar
porque me pregunto, "¿A quién debo de amar?"
¿Será a la chica que hoy me hace suspirar?
¿O de las que hace un tiempo atrás me dieron
algo en qué pensar?

Yo queiro hacer el bien
tanto que hasta me pelearía con más de cien.
Yo aspiro a quitarme esta neblina lamentosa.
¡Ah, como es latosa!
En mi ser, quiero cultivar las
más lindas rosas
para que miren, con alegría,
volar las bellas
mariposas.

26 de diciembre del 2003

Mi imaginación

Mi imaginación corre cada día
a esa esquina de mi alma
que suspira.
Si no me crees anda
entonces preguntale a la vida.
Se que tú piensas en mi persona.
Pero no te me hagas la rogona
porque entonces la conquista se prolongará,
y entonces le tendré que reclamar a tu mamá.
Pero, al fin, solo estás en mi mente.
Ni modo que me ponga en problemas
con la subconsciente.
Anda, chica, mira al futuro hacia el Oriente
de donde vienen tantas bonitas filosofías,
tantas que hasta de las tuyas te olvidarías.
Quiero que sepas que
siempre mi alma te quiere más
cada día porque eres fiel amiga.

4 de septiembre del 2003

Tu recuerdo

Hace doce años que nos conocimos.
Si, es cierto, hubo muchos tiempos en los cuales
nos reímos.
Tú me completas de verdad.
¿Pienso que tú eres mi realidad?
Quiero estar contigo
y no me importa en cualquier ciudad.
Yo de eso nada obligo.

Tus ojos me dejan con un gran suspiro
que me da tanta felicidad por donde yo miro.
Tu cara como quiero besar.
En tus ojos nunca quiero dejar
de mirar.

Tu sonrisa esa sí me mueve por adentro.
Este dolor es tan fuerte que por
dentro estoy sintiendo.
Me gustaría que el tiempo en pensar
en ti corriera más lento.

Con escasez de ti,
ese es el dilema en el cual
hoy me encuentro.

4 de septiembre del 2003

Don Benito mi aspiración

Don Benito, a su caracter hoy yo despierto.
Pido que todos los días
podre alcanzarlo por cierto.
Se que usted buscaba la justicia por doquier.
Por sus reformas eso se puede, en nuestro
país, muy fácilmente ver.
Usted le quitó el gran poder a la iglesia.
No demoró,
porque sabía que
eso sería para la patria lo
más mejor.

¿Don Porfirio que hizo?

¿Don Porfirio qué hizo?
Usted le pegó en lo más profudo del alma mexicana.
Si, es cierto, que unos mexicanos si
piensan en usted y dicen,"¡Cómo lo extrañamos!"
Pero tiene que entender que también dejó
muchos que, por sus acciones, se sintieron
explotados
por todos los estados.
Y, aún, por sus esfuerzos les dio muy muy poco
pago.
Esté contento que a usted no le dieron
a su cabeza el más doloroso
y merecido disparo.

Pero bueno, al final usted sintió el enojo.
cuando Madero lo vino a
buscar, sé que de miedo,
usted se puso rojo.
Y al saber que tenía que huir
dijo, "¿Bueno cuál país será el que yo escojo?
Y bueno Francia fue la selección
aunque por las noches alla
su conciencia lo mandó a la perdición
sabiendo que las escrituras de Flores-Magón
contaban libremente las historias
de cómo abusó cómo
dictador.

Y, bueno, así sucede
al que por orgullo piense
que solo puede.
Pero, al final,
uno tiene que ser
sinceramente
real con su gente
para que queden buenas
semillas y recuerdos en sus
mentes.

4 de septiembre del 2003

Mi estrella

¿Qué me dices mi estrellita paternal?
Te conozco más a ti que ni a
mi más cercano carnal.
¿Qué consejo hoy me mandas
esta noche cosa blanca y bella?
Estoy en busca
de la sabiduría de la más hermosa estrella
porque en este mundo no la
encuentro aun leyendo
profundamente los libros
día tras día.
Quiero detenerte y saber
que eres mía.

Estrella mía regocijo en tu esplendor.
Que raro y irónico que por la noche es cuando
yo siento más calor.
¿Me dejas tocarte por favor?
Sé que por el mundo está perdida mi triste voz.
Tu mirada me ha llenado.
Para descansar mi pensamiento y alma
otra vez por la noche
alsaré mi rostro para encontrarte.
Por favor, cosa bella y reluciente, jamás de
mí tú te me apartes.

2 de octubre del 2003

El Arreptentimiento

El arrepentimiento es triste
en este sentido.
Si tú juraste algo en tu bien sentido
pero al rato decides hacer algo que percibes ser más
"chido,"
entonces ¿Fue tanta la razón por lo
cual a ese enrede tú a mi corazón metiste?

Tienes que asegurar que en
verdad estás lista para ese compromiso
para que no al rato termines triste
pateando piedras por el piso.
Estos versos bienen del hombre
quien fue tu mejor
amigo.

En un tiempo te gustó estar conmigo
pero entonces al rato decidiste algo diferente.
Tienes que asegurar que en
verdad estás lista para ese compromiso
para que no al rato termines triste
y cubriendolo
cuando al contarle a tus amigas
nuestras cosas que en realidad
no tiene chiste.

Unas de ellas sólo sirven para ser latosas
porque ellas se rierán
si les dices de nosotros eso o esa cosa.
¿Qué no sabes que a ellas
lo que más les importa es
de darte el lado bien o mal tu razonamiento?
Y procurarán borrar a la mujer que era tan hermosa

tanto que hasta hoy lamentablemente
tengo que admitir que fue la cochumbrosa
dejando me solo con la gran pregunta,
"¿Por qué se me secó mi
bella y relumbrante
rosa?"

31 de octubre del 2003

Latinoamérica

Los países de Latinoamérica como
traen a mi alma un suspiro
porque su historia y cultura es muy bella.
Más importante, ha sido perseverante.
Hasta hoy en día han salido adelante.

¿Qué tú piensas en tu mente?

El país del cual yo tengo mis raíces
se llama México ese ubicuo, omnipresente país.
Vio nacer a mi linda madresita
quien unos años después me dio la voz
para que a estas tierras
hoy pueda levantar su voz
y sus hermosuras
amar y por mis
versos cantar.

Rudy Calderón

El ritmo Latino

El ritmo Latino como agrada y es alegre.
No tiene uno que preocuparse uno de las cosas
pequeñas
porque hay más importantes cosas en que pensar
como, ¿quién es el/la que, a la fiesta o posada
traerá la comida o la leña?

Mexicanos, de Michoacán, Jalisco, o Tamaulipas
siempre, de la buena vida, piden más.
Y del estrés se quedan bastante atrás
porque fijan su mente a la felicidad
que es la verdadera realidad,
en cualquier ciudad.
¿Estás de acuerdo?
Si no, pues te hecho a mi
lado izquierdo.

Golpe a mi corazón

Tú le has dado el golpe
perpetuo a mi corazón.
¿Por qué? Eso no lo se.
Solo sé que me visitó cuando
yo menos lo esperaba.
Y esa traición a mi alma
cómo acaba.
Yo pensé que nuestro amor era puro y sincero.
Sinceramente pensé que cierto yo estaba
pero bueno tú quisiste tu distancia
por razones personales.
Adelante, sigue tu vida de una forma
que encuentres alguien que mejor tu corazón
calme.
Ese golpe sí no niego que me supo amargo
pero al final salí triumfante.
Regalarle mi corazón
a alguien de nuevo
es algo que si lo hago y
me rechaza por cierto que
me muero.

31 de octubre del 2003

Rudy Calderón

La Palma

La palma me sostiene como a mi hermano el
cubano.
Con su sombra, ¡ah cómo gano!
Y nunca me deja sentirme triste
porque siempre está ahí para darme la mano.
Te digo nuestra relación es algo por cierto raro.
Por eso a ella siempre la regaré.
Su sombra y tranquilidad
me hace pensar que con ella yo más feliz estaré,
por las calorosas noches mientras estoy
relajadamente tomando una taza
de té.

3 de septiembre del 2003

La hierba

¿Por qué fuiste una hierba?
¿Será porque te relacionaste con un mal tipo de
leña?
¿Quizás un pirul?
A mi alma no le diste una refrescante fragancia de
olor
o calmaste mi escasez de amor.
Contigo extrañe ese tan importante calor,
aun cuando te lo pedía por favor.
¿Tal vez tu corazón hacia mí no tenía vigor?
Pero aún me muevo por el jardín
buscando a la flor que brille en mi alma
relumbrante.
Ahora tengo la mente fija hacia adelante
y te pongo hasta el fondo y aun porque me negaste
de eso no me escondo.
Ya me quité la mala plaga
que hoy me deja ir hacia
delante como si
nada.

4 de septiembre del 2003

Quiero gosar de tu hermosura

Quiero gosar de tu hermosura.
Para mi dolor eso será
mejor que cualquier medicina.
¿Qué piensas de mi
teoría?

El modo en que me hablas
siento en mi ser tanta fuerza
que para seguir platicando contigo
cierto que quebraría todas
las reglas.
Tu sonrisa trae a mi alma
tanta alegría que me da la energía
para aguantar todos los problemas de este día
y también por ti los reproches que me da tu tía.
Y de esas caderas, ni se diga
porque son para este hombre
un regalo de Dios porque
parecen que tienen su propia vida y voz.
Si pudiera, le pediría a Dios
que por favor de ti me hiciera veinte copias.
Ven y dame un beso por favor.
Necesito sentir un poco de tu calor
para por fin y en verdad
creer en el
amor.

23 de septiembre del 2003

Riquezas

Muchos dicen que la riqueza
trae alegría y contentamiento.
Me van a disculpar los que creen esto
pero les tendré que confesar
que ese credo no persuade ni convence
a mi pensamiento.
Deberas no tiene profundo razonamiento
porque aun con temporales riquezas, la alegría
no ha corrido por mi mente.
¿Tal vez es necesario reponer ese credo
con un mejor
suplente?

Rudy Calderón

Lo verde de los árboles

Lo verde de los árboles
trae un suspiro tan profundo
como el árbol más grande.
Es que los árboles
dan gran información.
Pero también esconden mucho equipaje
como el ser humano
quien al final se trae tanto
daño.

Entre sus ojas
esconden sus mentiras
para no ver sus escaseces.
¿Por qué no viene el agua que da alegría?
Mes tras mes, ¿Donde
está la simpatía?

Entre los árboles no nos
escondamos para que se
oiga más claramente nuestra voz.
Eso ve dile a más de
dos.

29 de septiembre del 2003

Rudy Calderón

Los ojos- las ventanas a tu alma

Tus ojos son las ventanas hacia tu alma.
Por eso cuando me miras
me deja pensando que a tu alma
estoy llegando.
¿Será bueno o malo?
Eso no lo sé.
Pero lo que sí sé, es que
quiero perderme en tus ojos
porque en ellos veo todo
más precioso.

Tus ojos inspiran todas
mis acciones pero más que
eso calman todas
mis pasiones.

31 de octubre del 2003

Tristes versos cómo vienen a mi mente

Tristes versos cómo vienen a mi mente.
Me gustaría tener en su lugar un más feliz suplente.
Pero bueno, navegamos en el mundo
con preguntas por doquier.
Y lo que sobresale es, "¡Qué tipo de persona debo
de ser?"
Es necesario poner estas preguntas
frente del Señor.
Él, en su tiempo, nos dará razón
para que estas preguntas más bien
sean contestadas
y de nosotros venga la
sonrisa que llenará
nuestras caras
que son las más
deseadas.

7 de septiembre del 2003

Tú mi golondrina

Tú, mi golondrina eres.
Por favor alma, calma
y no te desesperes.
Sé que, a ella, tú bastantemente
quieres.

Cuando pienso en tus ojos,
siento que en verdad me quieres.
Tus ojos son mis preferidos. A ellos
yo quiero mirar de cerca o de lejos.
Tú eres el ave que me inspira cada mañana.
Con tanto gozo pienso hacia ti.
Y lo único que me importa en este
mundo es que para ser mi novia
me contestaras con firmés, lieltad, y amor
un reluciente,
"¡sí!"

Estando entre mis brazos
sería, para mí, un cielo equivalente.
Equivalente porque para este valiente
lo haría no importarse de lo que pasa
en el mundo o aun
en marte.

Mi golondrina preciosa,
tú eres entre las mujeres la
más bonita y hermosa.
Viendo tu sombra a mi lado,
no codiciaré ninguna otra cosa.
Cada mañana te traería a tus brazos
las más bonitas rosas,
con la meta de algún

día poder hacerte
mi linda
esposa.

31 de octubre del 2003

Rudy Calderón

Martií cultivó una rosa blanca

Marti cultivó una rosa blanca.
Esos versos, cómo a mi alma
llegan tan profundo que hasta me la arrancan.
Él apreciaba al hombre sincero
con dinero o sin dinero.

Yo cultivo un rosal amarillo
porque atrae la energía del sol
y me llena de pasión.
Incluso, me da las ganas de
derramar más tinta de mi corazón
que sale de mi pluma
como una explosión.

¿Qué cultivas tú?
Busca, porque es vital y necesario
para que tu mente salga del
malvado e ignorante barrio.
Regocija en tu contestación,
pero, por favor, involucra
un poco la razón para
darle buen sendero y
termino a tu bella e
indispensable
canción.

26 de junio del 2004

Tu sonrisa

Tu sonrisa calma todo mi ser.
Parece que tus labios tienen
el ingrediente para hacerme
mirar a la vida
lleno de tanto placer.
Tu piel, morena, yo quiero tanto
y para esperar a ver tu rostro
yo te esperaría tanto.
Solo, aun, para mirarte
un segundo o si se puede
un rato.

Tu sonrisa es medicina para mi alma.
Cómo me gustaría que estubieramos
en Cancún debajo de una
preciosa palma.

Tu sonrisa fortalece todo mi ser.
Mirar a la naturaleza me motives a felizmente ver.
Tus labios rojos son mi preferido azúcar.
Para estar contigo, dispuesto estoy
a con este mundo luchar.
Al pensar en tu faz, me llena de deseos
que tú estés conmigo más para
mirar los dos bajar el sol sobre el
ubicuo, radiante mar.

31 de octubre del 2003

Estudia

La escuela es algo necesario para progresar.
Hoy, para no oírme, no vayas a tosar
porque te voy a rogar
que para un mejor y alegre hogar,
te quiero sugerir que pongas todas
tus ganas a estudiar.

Entiende que con la educación viene más lana.
Te puedo apostar que eso te aconseja tu mamá.
Con la educación, se ganará más fácil el dinero
que andar piscando caña
por las frías mañanas.

Cualquiera que sea la materia
puedes triunfar. Si al principio no puedes,
no te me pongas serio o seria.
Ven, mejor, a la biblioteca y al irte te vas a ir con
más sabiduría.
Si no me crees, entonces preguntale
a tu amigo o
amiga.

11 de marzo 2003

El A.M.O.R.

Eres la mujer ideal para mí,
la muchacha que Dios me mando porque sé que yo
no te escogí.

Antes de realizar cuanto te quería, no tenía mucho
interes el día.
Mujer sublime dime que quieres quererme
o déjame saber que no va ser, para buscar el poder.
Recuerda, sinceridad se llama este corazón, que
bien sabe que en el amor no se mete la razón.

16 de marzo del 2003

Mujer

Mujer tú sabes que te quiero,
que sin ti tal vez me muero.
Quiero que sepas que este amor que
siento en verdad que es sincero,
y que te quiero para mí.
Anda, dime que sí.

Cuantas veces yo he pensado que hace tiempo
atrás yo a ti te debería de haber robado,
pero aún no cumplí con mi recado.
Quiero que sepas que siempre
en pensamiento estaré
a tu lado.

1 de abril del 2003

Tu sonrisa sincera

Tu sornisa sincera,
cómo a mi alma le da tanta prisa
Quiero contigo hacer una romántica sita.
¿Consederá tu mamá
Rita?

Tú me miras con
un alma y corazón abierto.
Tanto me hipnotiza todo tu cuerpo.
Eso es definitivamente cierto.
Pero venir hacia mí
con sinceridad eso sí te aconsejo,
porque te estoy queriendo y codiciando
pidiendole a Dios que al
rato no me dejes
con una triste guitarra
tocando y mi derrota
cantando por las
playas estas sombres
notas.

7 de noviembre del 2003

Carnales

Carnales son unidos por medio
de la sangre.
Haría todo lo posible
para que ellos estubieran conmigo
para tener profundas pláticas por las tardes.
Sé que hemos navegado por distintas direcciones,
cada uno aprendiendo nuestras
necesarias lecciones.
Si las aprendimos, entonces
lo que hicimos no fueron perdiciones.
De lo bueno, también quiero que se oiga
por doquier. Con alegría, todos mencionen
porque sería erróneo decir que en
nuestra familia solo hubo
tensiones.

Mis carnales
son con los que mucho quiero
compartir, por la navidad, una docena de tamales.
Esos serían los tiempos
para mí más
reales.

7 de noviembre del 2003

Tu Mirada

Tu Mirada era tan simpática
que en un tiempo me dio tanta alegría.
Te tengo que admitir que al pensar al estar a tu lado
sentí entre mi ser, ser alguien quien por cierto
fue amado.

Tu sonrisa era tan bella que no lo podía creer.
Poco a poco te estuve metiendo
adentro de mi ser.

Sin duda, hoy, tu cara yo
quiero más frecuentemente ver.
Y aún en donde me encuentre
solamente tus cartas yo
quiero leer.

25 de octubre del 2003

Mis fiel compañeros

Los amigos quienes saludé en
el día de mi graduación,
son los que extendieron hacia
mí tanta sabiduría y compasión.
Y por esa razón, quiero tener
con ellos una más sincera relación.
Ellos fueron lo que yo
busqué bastante en la prepa.
Ahí tristemente no
logre hacer buenos y profundos
amigos que fue, en ese tiempo,
la meta.

Tú me viste llorar

Tú me viste llorar...
En mis ojos miraste
y aún compasion no llegó
aunque tanto te rogué yo.
¿Pero bueno, así tal vez
lo quiso Dios?
que al mirar al futuro,
con un mal sabor
miro la union entre
nosotros dos.

Tú me viste llorar...
Mi llanto que expresé hacia ti
pensé que quizás mirarías
cuanto te amaba.
Y para seguir los dos adelante,
como nos prometimos,
pensé que como una mujer quizás sincera
me dirías que sí, al recordar
cuanto nos reímos.

Tú me viste llorar...
Cuando de nuestro amor
yo quise platicar,
tú te dedicaste a lo
negativo mirar.
Pero, de tus faltas, eso
no quisiste explicar.
¿Y quién pues es perfecto?
No lo eres ni lo soy,
pero siempre me dije que
tu preferido esperaba poder decir,
con gran gozo que, "¡yo soy!"

Pero, bueno, como dicen los gringos
sólo fui tu juguete, tu
"Toy"

31 de octubre del 2003

Rudy Calderón

La fuerza más fuerte del mundo

La fuerza más fuerte
en el mundo es el AMOR.
Cuando sucede en tu vida,
parece como una explosión
que causa tanta conmoción.

Para levantarnos por las mañanas,
el amor nos da más valor. Deja
contentamente regar los jardines o
como los humildes, saludar a los peregrines.
Ese calor es claramente y
existencialmente sin
duda el más
mejor.

23 de diciembre del 2003

M.U.E.R.O.   S.I.N.   T.I.

Mucho me agradas.
Únicamente tú tienes mi remedio.
¿Entiendes lo qué te digo?
Rogarte cien mil veces no me importa.
Olvidarte del amor que te extiendo me haría
codiciar una vida corta.

Si me dices que sí, hombre más feliz sería.
Inclino mi rostro hacia ti.
No me desaires porque aguantarlo no lo podría.

Tú solo determinas mi futuro.
¿Ingrata serás? No lo sé. Solo sé que de todas las
chicas a ti te quiero más.

Indiferencia

¿Por qué tanta indiferencia?
¿Quién tendra por este corazón clemencia?
¿Se prolongará mi desdichada tristeza?
¿Se prolongará lo que yo siento
sentado solo aquí en esta mesa?

¿Por qué te vale madre?
¿Será porque por causa de la tristeza
crees que has llegado tarde?
Piensa en la humanidad,
por favor, para que vivas
una más bella realidad.
Cultiva una sonrisa cada día
de tu vida terrenal.
No sabemos cuando
nos vamos hací que haslo
con prisa para que
te cuide esa estrella
paternal.

Lamentaciones

Tristeza malvada
¡cómo sale cara!
Mejor denme con las más filosa espada
porque no logré a mantener a esa ave
quien fue mi amada.
Mejor, al inicio, le hubiera haber dado
la muy larga desviada
para no ver caído tan
fuerte en mi
cara.

Rudy Calderón

El Tepehuaje, Jalisco

El pueblito del Tepehuaje, Jalisco
es bello. Estando solo,
sí es cierto que trae tristeza.
Trae tristeza porque mi amorcito no la puedo atraer.
Por eso a veces resulto con tristeza por todo mi ser.
Morena querida, si me ves y te compadesco,
dejamelo saber empesando con un
noviazgo y después un
eterno beso.

En el Tepehuaje sí veo mucha belleza
pero no atraer a esa muchacha reluciente cómo
aguita.
No me presta ojos la más preciosa del pueblo
quien se llama
Lupita.

¿Quién soy?

¿Quién soy mexicano o mexicano-americano?
No lo sé.
¿Tal vez los dos?
Antes de juzgarme, presta oído a mi voz
porque viene de una forma veloz.

Soy mexicano por medio de mi cultura.
Machista, gallera, y gozona,
hací fue durante de mis
vacaciones por mis tierras michoacanas.
Esas tierras me dieron un suspiro
para que cuando me regresara a los EE.UU.
llegara con más ganas.

Cuando me iba para los EE.UU.,
cómo extrañaba mirando y oyendo
por las noches los ruidosos
sapos cuando por las noches
me encontraba leyendo.

Soy mexicano-americano por el nacer.
Los EE.UU. me dió valores de la sociedad inglés
y me hizo cultivar lo que yo llegaría a creer.
No que yo miré por doquier
igualdad para el mexicano en abundancia.
Pero sí me ha dado una semi-democracia
por lo cual hoy me da confianza.

Soy humano por cierto.
Mi alma la expando y está mi libro abierto.
Pero no me juzgues mal sin leerme bien te lo
albierto
hasta que me encuentre sin voz, los ojos cerrados y

que con firmés se podrá decir
que, en este mundo, no me van a ver despierto.
Solamente, sin contestación física, estaré hacia este
mundo observando y saliendo de mi alma
será solamente seis letras
¿Cuándo?

24 de abril 2004

Rudy Calderón

Música Mexicana

Música mexicana a mis venas
cómo calienta.
Siento tanto regocijo que hasta siento
que mis venas ellas se revientan.

Bailando a las canciones de Mike Laure,
buscando a Modesta Ayala o
contemplando El Corrido de Los Perez,
quiero mirar a mi lado
y saber que me
quieres.

Bailando a los corridos, norteñas y cumbias,
me dan una alegría.
Esas canciones me dejan amar y agradecer
este bello y lindo día.

El mexicanismo
me tapa como un gran abrigo.
Ese sentir deja salir un glorioso
y tan merecido
suspiro.

6 de junio del 2004

múltiples estados mexicanos
me rodean
de sus personalidades risas
depositan gran noticias

...están ahora en la escuela
para que sus mentes
se conviertan en gran belas

cuando regosijan sus gran mentes

le day gracias por esta
dia ser suplente
la esfuerza y el empeño

dejará que ustedes
su destino, sean los dueños
y desde ahi serán
mas felizes en sus sueños

6/4/04

Multiples estados mexicanos

Multiples estados mexicanos me rodean.
De sus risas,
depositan gran
noticias.

Estos alumnos ahora están en la escuela
para que sus mentes
se conviertan en gran belas.
Cuando se regocijan sus gran mentes,
le doy gracias a Dios por este día
ser suplente.

La esfuerza y el empeño
dejará que ustedes, de sus destinos, sean los
dueños.
Y desde ahí, serán más
felices en sus vidas y
en sus sueños.

4 de junio del 2004

Acepto

La gran lección de
mi educación institutivo,
¿haber, cómo empiezo y cómo lo escribo?
Tú me desperaste la imaginación
por una materia que yo pensé que
tuve pasión.

¿Por qué te conocí en esa clase del ayer?
Entiendo que ya estabas en mi ser.
Sé que por las leyes del amor que no tuve poder
pero me río porque de lo inevitable
nunca pude creer.

La institución no la culpo ni más a la mujer o al
destino.
Sí admito que me dejó captivo
pero con valor y con un rostro humilde.
Contento acepto mi amoroso castigo
sabiendo que el amor, en esta etapa de mi vida,
lamentablemente, no fue mi sincero y
compasivo amigo.

25 de abril del 2004

Mi fuerza

La fuerza más fuerte
y más valentosa
la conozco hace un tiempo.
Esperen mientras desarrollo
este pensamiento que viene algo lento
y del cual jamás diré que
me arrepiento.

Tu movimiento desde mi empezar
lo sentí desde que sentí ese calor.
Como no vi rechazo en mi juventud,
crecí y pude de tu valor amar.

Bailes, balazos, sandía, y tierra caliente
es el lugar donde nació.
Esta persona que fue muy valiente
no hay para ella algún
suplente.

Tú me enseñaste que la virtud tenía que sentir en
mi ser
y que también no sirve el preocupáis
¿ Qué se gana con el mortifiqueis?
No solo yo pero siete más
pueden testificar de esta gran persona
quien le llamo y llamaré
siempre madre única.
Hacia ella mis versos traen
la más profunda y melodiosa
música.

3 de mayo del 2004

Tu pelo

Tu pelo bello y largo
me contenta y no me deja amargo
porque tú eres flor a mi cizaña
¿Pienso que no me
dañas?

Tu pelo y rostro
cuando contemplo mi vida,
al venir el crepúsculo
me da fuerza y pasión.
Deberas me llega al corazón.
Al llegar esta tardoza razón,
trataré con todo mi ser
darte tu codiciada
mansión.

25 de abril del 2004

Pensando

Pensando en ti,
te siento.
Me arrepiento.
Hoy no miento.
Para disculparme,
fui muy
lento.

4 de mayo del 2004

Tú

Tú me cortas la vida.
Me dañas como una estilla.
Y para darte mi atención obligas.
Infiel amiga.

4 de mayo del 2004

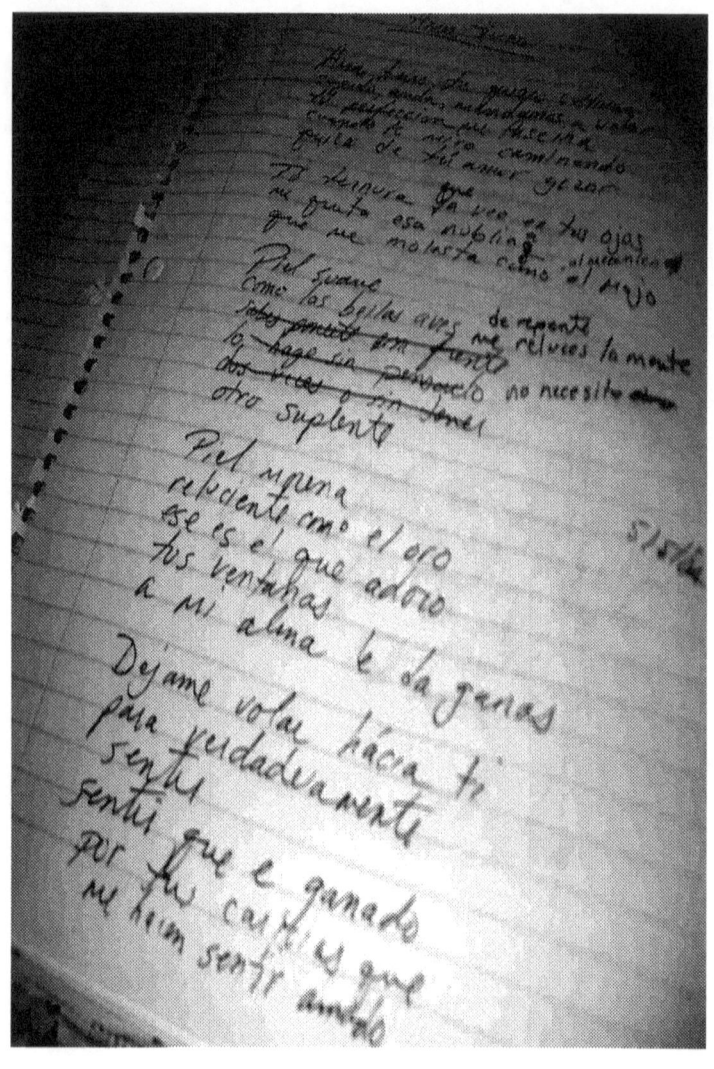

Amor tierno

Amor tierno quiero cultivar.
Cupido, anda, mandanos a volar.
Tu perfección me fascina.
Cuando te miro caminando,
quiero de tu amor gozar.

La ternura que veo en tus ojos
me quita esa nublina
que si no estubieras, me
llevaría a la desdichada
ruina.

Piel suave como las bellas palomas y aves
de repente me iluminas la mente.
No necesito suplente.

Piel morena reluciente como el oro
ese es el que más adoro.
Tus ventanas, relucientes a
mi alma, le da
ganas.

Dejame volar hacia ti
para verdaderamente sentir.
Quiero sentir que he ganado
porque tus sonrisas y caricias
solamente son las que me
hacen sentir
amado.

5 de mayo del 2004

Rudy Calderón

Cerveza, limón y sal

Cerveza, limón y sal
se busca para ya no sentirse tan mal
porque esta pobreza de amor
duele más que cien tiros
del más fregón
caporal.

Este liquido muchas veces ha sido
el mejor amigo porque llena de calor.
Pero tristemente es bastante temporal .
Este licor es necesario eliminar para tener
una vida más celestial
y real.

Es mejor tener a esa bella mariposa
para darle cien mil rosas
y a quien podra algún día
ser la linda esposa.
Será de todas, sin
duda, la más preciosa
y hermosa.

24 de diciembre del 2003

Corazón Aguanta

Corazón aguanta y no te desmayes.
Por favor oír mis versos sé que tú podrás
porque la meta es pescar en el amor la paz.
Pero lo que yo pregunto es si ¿en esta misma
posición tú estarás?

Aguanta y no seas cobarde.
Eso nos aconseja la refrescante mañana
que nos hace sentir mejor
cuando asamos carne a veces por los
fines de semana.

Persévere corazón porque
al final ahí estará en tus brazos
la más preciosa golondrina
que comfortará todas tus heridas
que han dejado todas, que para hacer el mal,
eso fue su rutina.

24 de diciembre del 2003

Llena de Vida...

Llena de vida, sonrisas, y amor
me hace sentir hacia ti un inmediato calor.
Tú eres de donde es mi procedencia.
Enseñas tanta clemencia.

Me llenas de una forma que es muy bello.
Cada noche le doy gracias
hacia el cielo
al catárticamente recorrer tu
pelo.

¿Te quedarás para siempre?
¿O serás la que me dejará esos
desdichados demonios en
la mente?

Joven y llena de vida

Joven y llena de vida
me agradas mucho pero
a veces te miro como una estilla.
Me encanta ver tu cara sonriente.
Te aseguro que no facilmente hallaré
algún suplente.

Me gustaría platicar a veces
de lo más profundo,
cosas y preguntas que le tengo a este
malvado mundo.
Pero, contigo, veo que no puedo
entonces, en lo superficial ahora
sonrientemente me
quedo.

Cuerpo dulce y reluciente
te miro y hacia un amor compañero
ahora soy creyente porque tú me enseñas lealtad.
Me has dado fuerza y alguien,
quien en este momento, yo
puedo superficialmente
amar.

6 de junio del 2004

Rudy Calderón

Tu ausencia

Tu presencia ya no espero.
No te menciono más, ningún "pero."
Tu eres bella de eso nada te quito.
De mi ser muchas veces quería salir uno de esos
eufóricos gritos.

Tu ausencia antes me llevaba hacia tu rostro.
Tu piel antes quiería tocar
y si Dios permitía a ti por
la eternidad quería
amar.

Bailando debajo de esas luces relucientes
me decía mi corazón, "¡quiero que le cantes!"
Y te detenía fuertemente de tu cintura
sabiendo que solo tú eras de
mi vida la más
chula.

Más aún bailando y mirando tus ojos
no pude evitar que mis cachetes
se pusieran rojos.

Esa sonrisa eternal
era la que no me permitía salir
de esa trágica rutina
que presentí que si no te
olvidaría, con el tiempo me llevaría
a la malvada ruina.

6 de junio del 2004

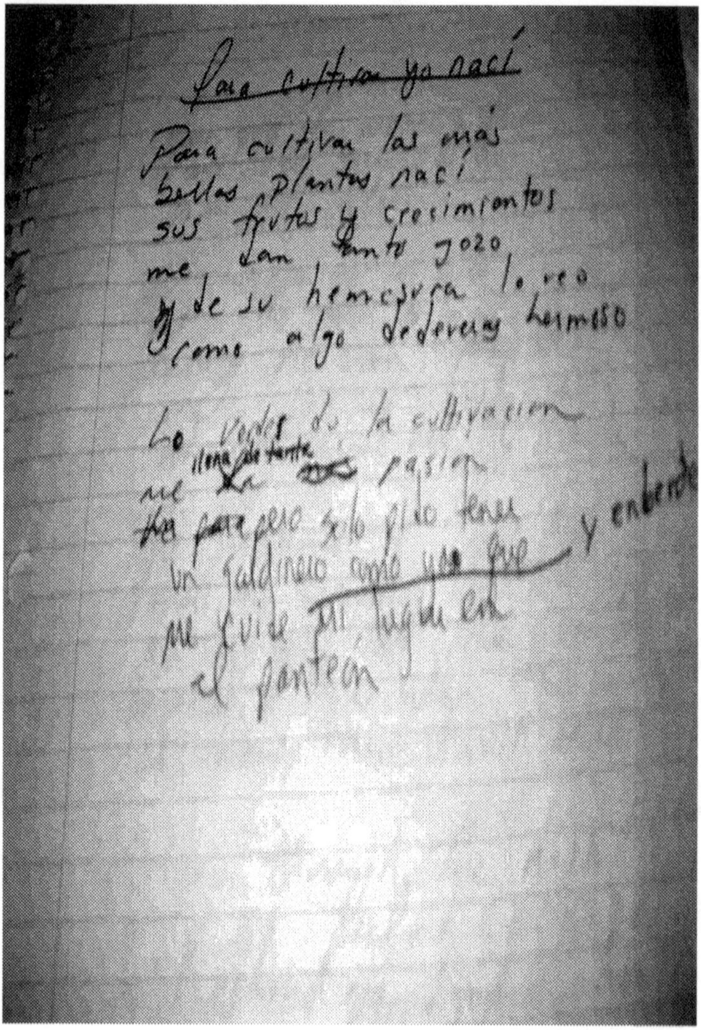

Para cultivar nací

Para cultivar las más
bellas plantas nací.
Sus frutos y crecimientos
me dan tanto gozo
y de sus hermosuras las veo
como algo celestialmente
hermoso.

Lo verde de la cultivación
me llena de tanta pasión.
Sólo pido tener
un jardinero como yo quien
me cuide la vista que yo miraré.
Mi lugar quiero que me emberdezca.
Me refiero a mi lugar en el panteon.
Cada vez antes de irse, le suplico
que, por favor, me cante con vigor un
muy alegre son, pero con pasión
para aún en el más alla creer firme-
mente en el amor.

4 de abril del 2004

Rudy Calderón

Necesidad- yo te conozco

Necesidad yo te conozco.
Desde lejos,
te veo en cada momento
y en cada espejo.

¿Apartarte te dejaré?

¿Pero si te vas?

¿Te rogaré?

¿Te esperaré?

¿Cómo te lleno?

No quiero conocer tu faz jamás
porque solo con tu presencia
se que no me amas.

4 de mayo del 2004

De una familia con pensamientos políticos vengo

Pienso en lo que es lo justo
para mi gente Latina de la sociedad.
Quiero traer una más alegrosa
realidad.

Hombres y mujeres cabales y dedicados,
cada palabra llega a la humandiad
paso a paso.

¡Yo hoy grito a la ley injusta!
A veces injustamente juzga.
Trae a mí y a mi gente
leyes que nos han subyugado
y unas leyes que no llenaron
el alma como un refrescoso
suplente.

Mis hermanos hablan con palabras
dedicadas a la democracia.
Sus palabras a veces están fundadas
pero a veces no se sabe con certitud por
quien fueron llamadas.

Mis hermanas, también escriben con
palabras dedicadas hacia la humanidad
y una compasión que hasta Pablo Neruda
las miraría como una bella realidad.
A él le daría gusto al saber que todavía

se expresa la voz y
amor hacia
todos.

4 de abril del 2004

Rudy Calderón

Lágrimas

Que tristeza me da ver
lágrimas el tamaño del bello lago de Janitzio.
Las lágrimas no se miran en lo físico
pero más bien en las mentes de
la humilde gente.

A mi ser le trae pensamientos repugnantes
y aun que me diga la gente que me calme.
Pienso entre mi, ¿Donde está esa voz
entre mi que me calme?
Pero a veces me da ganas de exaltar mi canto
al saber que nos estamos quedando atrás
pero, aún, las lágrimas siguen
siendo más.

No será hasta que la humanidad reconosca
que esto no es simple un tornillo que no tiene rosca
sino que hay lógica y por eso
gritamos porque tenemos cita con Doña Justicia.
Y si se puede, que no demore porque ya
tenemos mucha prisa.
Las lágrimas desafortunadamente siguen por doquier
hasta que aprendamos que los llantos
de lágrimas no son para que nos sintiésemos mal
sino para que empecemos a forzar ese sendero
que más facil entre la
moral.

Rudy Calderón

¿Quién soy yo?, ¿Quién eres tú?

¿Quién soy yo?
Pregunto entre mi ser. Pregunto
porque me quiero firmamente sostener
pare tener y darle a otros algo
por en cual creer.

¿Quién eres tú?
¿Te regocijas en tu persona?
¿O se te ha ido la vida que
hasta hoy te encuentras siguiendo?
¿Tal vez eres la persona real
quien todos miran como
amistoso/a y leal?

18 de mayo del 2004

Rudy Calderón

Enpalmate...

Enpalmate la vida
para estar entre sombras,
no las que te siguen
a las tres de la mañana
pero las que te hacen pensar
en el amor con tanta
calma.

Enpalmate la mente
para que verde sean tus pensamientos,
no para seguir el dinero
pero para buscar a esa bella muchacha o muchacho
para que, con firmés, le digas,
"¡te quiero!"

Enpalmate los labios
para que te inspiren lo que has oído de los sabios.
¡Ese movimiento en tu faz
del positivo por cierto
que salga más!

7 de mayo del 2004

Llegué...

Llegué a tu puerta una noche distinta.
Antes de tu contestación,
me fui de miedo y sin razón.
¿Tal vez por esa decisión
se está muriendo este
corazón?

16 de julio del 2004

Tu esencia

Piel café y ojos sinceros,
en cualquier momento
yo los espero.

Esa fragancia de mujer,
quiero abrazarte y en mis
brazos y con mis labios
sostener.

Tu sonrisa hacia mi mejilla
me acontenta hoy en este día.
Al pasar mi mano
sobre tu cara, mi corazón
siente como que alguien
le apunta y
dispara.

2 de julio del 2004

Falleció ese señor

Falleció ese señor quien
en sus ojos miré tanta pasión.
Hablaba serenamente pero
grandes pensamientos salían
de su mente.

Lamentablemente se nos fue de repente.
No habrá para él algún suplente.
Solo quiero que lo recuerden
por medio de sus acciones y versos
que fueron varios, eclécticos y
sinceros.

Se comunicó atraves de dos idiomas.
En sus escrituras no se dedicó a bromas
porque si leen su mensaje
sabrán que él no se ponía
superficiales
disfraces.

Lo habló franco y sincero.
Esos son los sentimientos
que me quedan al mirar bajar
su cuerpo a su origen.
Su cuerpo hoy lo entierro.
pero jamás olvidaré como
él pudo articular
mis enredos.

20 de julio del 2004

Rudy Calderón

Me estás esperando

Tú, mi amorcito me estás esperando.
Me notifica el mar y el viento.
Me recuerdo de todas nuestras pláticas
o de los viajes aquí o ahí de una
forma agradablemente lenta.
En tu espero, más crece esta conexión
y se desminuye de lo cual
tú antes me decías.

"No te mortifiqueis."

Fue adecuado tu consejo,
reconociendo hoy donde me
encuentro en el norte y de ti
muy lejos.

3 de julio del 2004

Lástima

Lástima, te rogué
pero tu presencia el próximo
día lamentablemente vi.
¿Tal vez la respuesta
desde ese entonces era un gran "no"?
Pero bueno, tenemos que
admitir de la realidad
aunque amargue mi
realidad.

Circunstancia, ¿por qué viniste?
No entiendo, cuando fracasé,tú muy
felizmente brindaste. Pienso
ver que con una gran sonrisa
tu empujaste.

Mi razonamiento patológico,
no te quiere perdonar.
Aún reflejo que de
mis más felices cuentos
de ti, solo de ti, me encuentro
con escasez y por cualquier
inalcansable acción
me arrepiento.

11 de julio del 2004

Rudy Calderón

Mi alma en Mazatlán

Mi alma se quedó en una playa de donde las bellas
palmas brotan.
Unos dirán que las bellas muchachas se encuentran
en Aztlán
pero jamás contenderán conmigo haber yo visto con
mis
ojos la mujer que causó tanta emoción.
Cierto es que desde ese entonces, hacia el
amor salen versos sin necesidad de mucha
motivación.
Salen de mi pluma como una explosión, causando
por mi alrededor tanta conmoción.

Esas caderas que me relucieron en Mazatlán,
Esos ojos que me pusieron rojos,
Esas sonrisas que belleza me muestran y
hacen que mi alma suspire.
Por eso, claramente y muy firme
es mi grito.

Nunca quiero vivir en otra parte,
ni oír que, de estos versos, "debes callarte."
porque entonces viviré
sin mi otra naranja, tú
sabes, mi otra
parte.

5 de julio del 2004

Ese abrazo

Ese abrazo que me diste
me dejó codiciando tu cuello.
Desde ese entonces, dejaste
gravado en mi alma
tu sagrado
sello.

En ese encuentro,
hasta ahora tu cintura siento.
De ese encuentro,
jamás me arrepiento.
¿Tal vez este mensaje
llegue a tu alma
muy tarde y tal vez sea
durante mi vida
muy lento?

Lo siento.

2 de julio del 2004

Esperando

Esperando tu presencia,
sacudo mi cabeza al entender
que ya no te podré llamar mía.
Si, duele y lo único que hace mi
alma desde tu ausencia es que suspira.
Desea ver a ese tiempo del ayer
cuando le dabas a mi corazón
tanto placer.

Estando aquí en este distinto lugar,
solo pienso en tu mirar. Codiceo
tu cintura y sonrisa para poder vivir
sin sentir en mi alma esta
urgencia de amar.

3 de julio del 2004

Te miré

Te miré desde lejos.
Y desde ese entonces, codiciaba un beso.
Si nos vieran por todo nuestro alrededor,
no me importa, ay ellos.
Grande me siento al pensar en
darte ese caloroso
beso.

Desde ese día, no miro con confusión
a este o a ese lado.
Porque deseo ser para ti
tu único amado. Desde este
momento ya no conozco la
palabra desesperado.

11 de julio del 2004

Vengo

Vengo a triunfar,
y si se puede, por las tardes
a una sincera muchacha amar
y enamorar.

Vengo a progresar
Para que, de todos
mis pecados, tú me
puedas perdonar.

Vengo a aprender.
Mientras me mantengo
fijo en lo que me pongo a leer,
quiero en tu amor
creer.

Vengo a contarte
mi alma y corazón en estos abiertos versos.
Lamento no poder darte en esta carta
cien mil besos.
Diosito, compadécete de mí
para que pueda con alegría vivir.
Feliz me haría sentir.
Ese camino quiero
sin falla seguir.

2 de julio del 2004

Consejos

Amigos mexicanos
quiero darles algo de
nuestra cultura en que pensar.
¿Será decirles que como mexicanos
tenemos que tratar como reinas
a las mamás?
¿O decirles que su futuro
está firme y fuerte
no por "chansa" o por suerte,
pero porque el mexicano
es él/la que lucha con vigor
hasta la muerte.

2 de julio del 2004

Mis Intenciones

Si codicarte es un problema,
pues les mando a los suegros
unos elotes con
crema.

No busco ser una estilla.
Quiero proveer para ti
y que tú para mi
alma seas
dueña.

Salir contigo a la plaza
o a recojer la masa,
no me importaría
en este o en ese día.
¿Qué haría por ti
para que tus ojos me miren
y me digan que si?
Lo que sea con que vea que a
tu alma y corazón
mueva.

2 de julio del 2004

Amor Físico

Mis ojos te enseñan tanto amor.
Quieren platicar contigo,
en cada ocasión.
Más rápido viene mi oración,
para contentar tus preocupaciones
aquí o en otras naciones,
en total o en porciones.

Mis manos quieren
trabajar para proveer y amar.
¿Porque de qué chiste tiene la
contemplación sin una romántica
vacación?

Mis brazos buscan llenarse de tu olor.
Por cierto que me hacen sentir superior
por todo el interior.

Mis pies están
ligeros hacia tu sendero.
Me rifaría hasta el cuero
para enseñar que a ti, más que nadie,
yo ahora quiero.

2 de julio del 2004

Rudy Calderón

No lo pudo entender

No lo pude entender
cuando tu mensaje recibí.
Tengo que admitir
que, de tristeza, me
hizo reir.

Estando en esa rutina,
con superficiales amigas
dijeron que ellas estaban bien
pero el siguiente día
me hablaron de una forma
que claramente sus almas
veía, por su confusión
que suspiraban al mirar hacia arriba.

No entiendo a esa
persona llamada mujer,
a esa quien trata de superficialmente
al hombre entender,
pero solo procura a
dar un falso creer.

A las nuevas oportunidades,
les daré unos libros de melancolía
con las esperanzas que
puedan algo virtuoso aprender
y no más corazones
romper.

11 de julio del 2004

Llanto maldito

Llanto maldito
forza un lamentoso grito.
Yo siempre quería lo mejor para ti.
Pero para dejarme ir
muy facil se te hizo el
"sí."

Tus ojos ilusorios
me dieron mucho que agradecer
durante cada mes.

Hoy, lamento estos versos tristesones.
¿Pero de qué otra forma saldrán
mis pensamientos y como dicen los chicanos
mis "questiones"?

Mujeres que viven y concordan
con mis suplicaciones, les extiendo
mis gracias y ha ustedes siempre les diré,
por medio de mis versos,
todos mis motivos
y razones.

3 de julio del 2004

Amor...

Amor no tan lejano
te extraño.
Estoy aquí mirando hacia la distancia.
Por el verano, deseo estar contigo.
No importa el lugar, sea
en un parque o sentados en la plaza.
Si es en la plaza, contento me siento
mirando caminar y jugar a la raza.
Quiero que sepas que
tú me complaces.
¿Deseo que me digas
donde están tus
pensamientos para saber
si te sigo confesando
este sincero
cuento?

2 de julio del 2004

www.ingramcontent.com/pod-product-compliance
Lightning Source LLC
Chambersburg PA
CBHW051429280526
45785CB00003B/1224